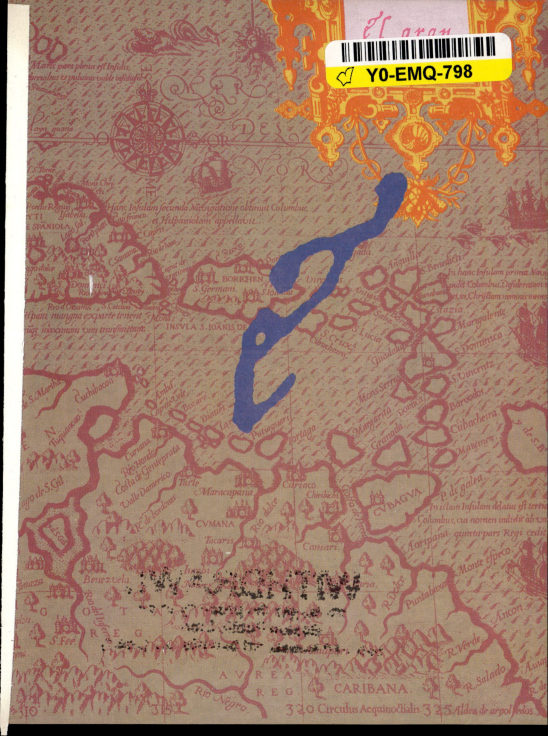

Y0-EMQ-798

# el gran encuentro

# Las siete ciudades de Cíbola

## LOS ESPAÑOLES EN EL SUR DE LOS ESTADOS UNIDOS

Germán Vázquez

Colección coordinada por D. Manuel Ballesteros

Colección dirigida por **María Córdoba**

*Connolly Br*

*Spanish*

Fotos: *Historia 16*

© Germán Vázquez, 1990
Ediciones SM
Sociedad Estatal Quinto Centenario

Comercializa: CESMA, SA - Aguacate, 25 - 28044 Madrid

ISBN: 84-348-3108-2
Depósito legal: M-28520-1990
Fotocomposición: Grafilia, SL
Impreso en España/Printed in Spain
Melsa - Ctra. de Fuenlabrada a Pinto, km 21,800 - Pinto (Madrid)

No está permitida la reproducción total o parcial de este libro, ni
su tratamiento informático, ni la transmisión de ninguna forma o
por cualquier medio, ya sea electrónico, mecánico, por fotocopia,
por registro u otros métodos, sin el permiso previo y por escrito de
los titulares del *copyright*.

J
E123
.V42
1990x

acc. 12-92

CONNOLLY BRANCH

*Para Leonor,*
*una auténtica aventura hecha mujer.*

# ÍNDICE

# INTRODUCCIÓN

Los españoles que fueron a América descubrieron un mundo muy distinto al de su tierra natal. Todo era nuevo y diferente en América: los animales, las plantas, los paisajes... Incluso los hombres que vivían allí no se parecían en nada a los habitantes de Europa, Asia o África. Tenían la piel cobriza y sus costumbres resultaban sorprendentes y, a veces, crueles, pues algunos pueblos comían carne humana y sacrificaban personas a sus dioses.

Las maravillas de América impresionaron tanto a los españoles que perdieron el sentido de la realidad en muchas ocasiones. Se acordaron de los lugares y personajes fabulosos que aparecían en las leyendas europeas y decidieron buscarlos, porque pensaron que hasta los sueños más imposibles podían existir en América.

Los españoles recorrieron el Nuevo Mundo de punta a punta, pero no encontraron la Fuente de la Eterna Juventud, ni las ciudades de oro de Cíbola, ni El Dorado. Sin embargo, su esfuerzo no fue inútil. Vieron cosas que ningún europeo había visto nunca, y la realidad que contemplaron superó con creces las fantasías creadas por la imaginación.

Por este motivo, no puede decirse

que los conquistadores españoles actuasen impulsados por la codicia o por el deseo de hacerse ricos, como afirman algunas personas. Si la suerte les sonreía y obtenían un buen botín, no volvían a España. Gastaban su fortuna, y a veces la vida, en explorar un nuevo país de fábula. Por ejemplo, Hernando de Soto, uno de los compañeros de Francisco Pizarro, el conquistador del imperio de los incas, murió junto al río Mississippi mientras intentaba encontrar *la más rica tierra que en el mundo había.*

Las leyendas fueron un fuerte estímulo para los conquistadores hispanos. Gracias a ellas, exploraron la mitad sur de los Estados Unidos de Norteámerica en apenas treinta años. Este increíble esfuerzo es todavía más digno de aplauso y respeto si tenemos en cuenta que los norteamericanos tardaron siglo y medio en dominar aquellos salvajes y duros territorios.

# L A FUENTE DE LA ETERNA JUVENTUD

## 1. La búsqueda de Bimini, la isla de la inmortalidad

La noticia sobre una fuente que volvía jóvenes a los viejos la oyeron los españoles por primera vez en la isla de Boriquén, bautizada con el nombre de Puerto Rico.

Los boriquenes pensaban que lejos, muy lejos, hacia el norte, había una gran ínsula * llamada Bimini o Boyuca. Bimini era una tierra maravillosa, un auténtico Paraíso Terrenal. No había guerras, ni caciques *, ni hombres que matasen a sus semejantes con arcos y flechas. Los seres humanos vivían felices y nunca envejecían, porque las aguas del país poseían una virtud mágica: quien se bañaba en ellas se hacía inmortal...

Por eso, cuando los españoles desembarcaron en Puerto Rico, los nativos, viendo su extraño aspecto, creyeron que venían de la mítica Bimini y los recibieron pacíficamente. La conducta de los recién llegados se hizo más y más arrogante a medida que pasaba el tiempo, y los indios comenzaron a sospechar que los españoles no procedían de la fabulosa isla Boyuca. Para resolver sus dudas, planearon poner a prueba la inmortalidad de los blancos. Sumergieron a un español en

* Las palabras señaladas con asterisco aparecen explicadas en el glosario que hay al final del libro.

13

las aguas de un río hasta que se ahogó y luego depositaron el cuerpo en la orilla. Esperaron mucho tiempo, pero, como el muerto no resucitaba, decidieron que los invasores eran simples mortales, y se rebelaron.

El curiosísimo experimento aumentó todavía más la credulidad de los españoles. Si los boriquenes se habían atrevido a cometer aquella locura, la leyenda de la Fuente de la Eterna Juventud debía de ser cierta. Además, los indios no eran los únicos en hablar de las fabulosas aguas. También los europeos creían en su existencia, e incluso los alquimistas * de la Edad Media habían intentado sin éxito crear un elixir maravilloso que mantuviera al hombre eternamente joven.

Fue Juan Ponce de León, conquistador y primer gobernador de Puerto Rico, el primero de los muchos españoles que se interesaron por el misterioso manantial. En 1512, Ponce de León, viéndose *sin cargo y rico*, pues le habían quitado el gobierno de la isla, armó tres naves y se echó a la mar en busca del país de la vida eterna.

La armada salió del puerto de San Germán el 3 de marzo de 1513 y puso rumbo al noroeste. Veinticuatro jornadas después, el domingo 27 de mar-

zo, las naos divisaron una hermosísima tierra, que el mismísimo Ponce definió como *más grande que toda la Andalucía y más rica de árboles y fértil de Naturaleza.* Por esta causa, y también porque el día del descubrimiento se celebraba la Pascua de las Flores, el nuevo territorio recibió el nombre de Florida, denominación que aún conserva.

Las naos costearon aquel país de eterna primavera durante dos largos meses. Doblaron el cabo Cañaveral —donde hoy en día se levanta la famosa base espacial—, pasaron frente a Palm Beach y continuaron hasta superar las cien leguas *. Pero el milagroso manantial no apareció. Por el contrario, todo lo que iban descubriendo a lo largo del viaje indicaba que seguían una pista equivocada. Así, Florida no era una isla, sino una península, habitada por gentes guerreras, y los indígenas la llamaban Centio o Cancio.

El 14 de junio, el capitán, cansado de bojear * el interminable litoral, ordenó a la flotilla que se dirigiera hacia el archipiélago de las Bahamas. La búsqueda de la Fuente Juvenalia se prolongó cuatro meses más sin ningún resultado. A finales de septiembre,

uno de los barcos se hundió y Ponce tuvo que regresar a Puerto Rico. Sin embargo, el tenaz conquistador, empeñado en alcanzar su meta, mandó a Juan Pérez de Ortubia, capitán de la otra nave, que siguiera la exploración. La carabela de Ortubia volvió a San Germán el 20 de febrero de 1514. A bordo viajaban cuatro indios de Bimini que, por supuesto, desconocían el lugar donde brotaban las aguas de la vida.

Pese a ello, Ponce, entusiasmado con el descubrimiento, regresó a España y logró con facilidad el derecho a conquistar Bimini y la Florida.

Aunque Juan Ponce de León pre-tendía iniciar la jornada * de inmediato, siempre había un motivo u otro que la retrasaba. En 1521, Ponce logró por fin poner en práctica su viejo sueño: colonizar la Florida.

La expedición fracasó. Los indios de la Florida no se parecían en nada a los dulces y perezosos boriquenes. Recibieron a los blancos con una lluvia de flechas y los obligaron a volver a las naves. Ponce, herido de gravedad en un muslo, pudo llegar a Cuba, donde falleció poco después.

El gobernador de la Florida murió mientras buscaba la inmortalidad. Su destino, trágico y cómico a un tiempo, debería haber vuelto más realistas a

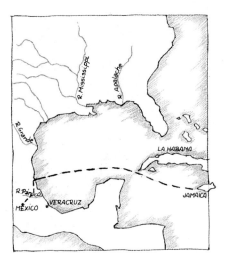

*Expedición de Francisco de Garay.*

los conquistadores. No ocurrió así. Siguieron creyendo que la Fuente de la Eterna Juventud se hallaba en algún lugar de Florida y continuaron la búsqueda.

## 2. Francisco de Garay, el gobernador ambicioso

El sensacional descubrimiento de Ponce provocó un gran revuelo en las Antillas. El espíritu de aventura se extendió por todas las islas, y sus habitantes, cualquiera que fuese su oficio, quisieron seguir los pasos de Ponce. Incluso las autoridades, contagiadas por el afán descubridor, organizaron numerosas expediciones navales. Una de las personas más activas fue Francisco de Garay, gobernador de Jamaica y dueño de una gran fortuna.

En 1519, Garay ordenó a Alonso Álvarez de Pineda que recorriera el territorio situado entre la Florida y Veracruz (México). Los hombres de Pineda saltaron a tierra cerca de la actual Mobile (Alabama), pero los indios los atacaron, hiriendo y matando a muchos de ellos. Los supervivientes continuaron la navegación. Pasaron frente a la desembocadura del Mississippi, costearon el golfo de México y llegaron por fin al río Pánuco.

Los habitantes de aquel lugar, los huaxtecas *, eran vecinos de los aztecas y tenían una cultura muy superior a la de los indios de la Florida. Álvarez de Pineda volvió a tentar a la suerte y desembarcó con el propósito de conquistar el país. La intentona tuvo un final desastroso. Los huaxtecas derrotaron a los soldados de Pineda, mataron al capitán, desollaron los cadáveres de los vencidos y *pusieron sus pieles, después de bien curtidas,*

16

*en los templos, como recuerdo y presunción* (Francisco López de Gómara).

Los pocos marinos que se salvaron lograron alcanzar el puerto de Veracruz. El alcalde de la villa los envió a Tepeaca, donde estaba el cuartel general de Hernán Cortés. Éste se encontraba ocupado, en aquella época (1520), en la conquista de México. Los sesenta soldados estaban tan enfermos que los hombres de Cortés los apodaron «los panzas verdes», porque tenían el vientre hinchado y la piel amarillenta.

El fracaso no acabó con el afán descubridor de Garay. Años después, en 1523, solicitó licencia para conquistar la provincia de Amichel *, situada entre la punta de la Florida y el río Pánuco.

Organizó una flota de once navíos, que llevaban a bordo mil hombres, y zarpó para Pánuco. Al principio todo marchó bien. Luego, estalló una tormenta y los vientos arrastraron la armada hacia el norte. Los barcos anclaron junto a una enorme laguna, alimentada por un río. El paraje, pantanoso y lleno de palmeras, recibió el nombre de Palmas.

Desde allí, Garay marchó a pie hacia Pánuco, ordenando a los navíos

que siguieran su ruta a lo largo de la costa. Las desgracias se sucedieron una tras otra. Perdió el contacto con los buques, y sus soldados, hambrientos y cansados, desertaron a mansalva, intentando llegar cuanto antes a Veracruz.

Para colmo de males, el gobernador de Jamaica se encontró con los hombres de Cortés, que habían ocupado la Huaxteca tras tomar la capital azteca en 1521. Garay quiso recurrir a la fuerza para defender sus derechos, pero no pudo. Las tripulaciones de sus barcos se habían pasado en masa al bando de Hernán Cortés. Sólo dos le permanecían fieles.

Cortés, compadecido del fracasado gobernador, lo invitó a ir a México. Los dos conquistadores se pusieron pronto de acuerdo. Garay renunció a Pánuco, y Cortés, a cambio, se comprometió a cederle sus veteranos para que hiciera una campaña en el río de Palmas. No pudo ser, pues Francisco de Garay falleció repentinamente al finalizar el mes de diciembre.

## 3. El juez que quiso ser conquistador

La fiebre descubridora también afectó a la isla de Santo Domingo. En

1520, dos carabelas dominicanas coincidieron en una pequeña isla del archipiélago de las Bahamas. Los capitanes decidieron seguir juntos y pusieron rumbo hacia Florida. El 24 de junio llegaron a la desembocadura de un río, situado al norte de la península, que recibió el nombre de San Juan Bautista.

Habían llegado a Chicora *. Para atraer a los habitantes del lugar, los españoles capturaron a dos indios, los vistieron con ropas europeas y los dejaron libres. El cacique, admirado al verlos cubiertos con tan extrañas ropas, invitó a los hombres blancos a recorrer sus tierras. La visita duró veintidós días. Luego, las naves regresaron a Santo Domingo llevando a bordo un gran número de chicoranos. Sólo una de ellas pudo finalizar el viaje.

El informe del capitán del barco impresionó a Lucas Vázquez de Ayllón, oidor * del Tribunal de Santo Domingo y dueño de la nave. El juez no desaprovechó la oportunidad que se le presentaba. Aunque era un hombre pacífico, que *nunca se vistió coraza para ganar sueldo con ella,* volvió a España y pidió permiso para conquistar Direche, Chicora, Xapira y diecisiete países más.

Ayllón y sus acompañantes —un sirviente chicorano, llamado Francisco, y Álvaro de Castro, el deán * de la catedral de Santo Domingo— contaron mil maravillas de Chicora durante su estancia en la Península.

Francisco decía que en Duharhe, cerca de su patria, los hombres tenían la piel blanca y el pelo rubio, y que vivían mucho más tiempo que en España. Además, nunca estaban enfermos porque poseían unas hierbas de gran poder curativo. Datha, el rey de Duharhe, su mujer y sus veinticinco hijos eran gigantes que utilizaban criados jóvenes para llevarlos a hombros, como si fueran caballos. Para demostrar que no mentía, el chicorano enseñaba un enorme hueso de un metro de largo, que, según afirmaba, perteneció a uno de los caciques de Duharhe.

Por su parte, Castro repetía continuamente la historia que le contó un lucayo *. Afirmaba el deán que el padre de aquel indio, sintiéndose viejo y cansado, fue al manantial de la Florida para recuperar la juventud. Tras bañarse en él, regresó con tantas energías que volvió a casarse e, incluso, tuvo hijos. Nadie sabía dónde estaba la fuente. Sin embargo, los datos pro-

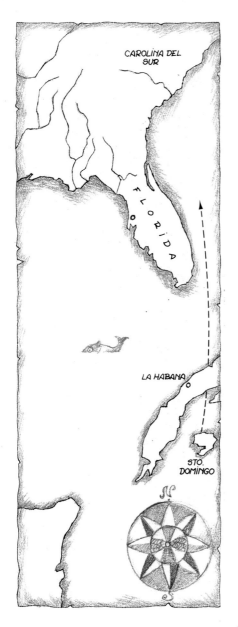

*CAROLINA DEL SUR*

*FLORIDA*

*LA HABANA*

*STO. DOMINGO*

porcionados por Francisco daban a entender que el río San Juan nacía de ella.

Los cuentos de Castro y Francisco engatusaron hasta tal punto a cuantos los oyeron, que Vázquez de Ayllón obtuvo su concesión sin ningún problema. Tampoco hubo dificultades a la hora de reclutar la hueste *. El reclamo era tan fuerte que quinientos hombres se alistaron.

En julio de 1526, Ayllón se puso al frente de su flota, compuesta por tres naos, un bergantín y una gabarra *, y partió hacia Chicora. El juez desembarcó cerca de un río que bautizó con el nombre de Jordán. Pensaba quedarse allí, pero, como el lugar no reunía las condiciones necesarias, avanzó hacia el norte. Por fin, tras navegar doscientas leguas, llegó al puerto de San Miguel de Guadalupe, cerca del cabo Fear, en Carolina del Norte.

La ciudad se levantó en un terreno fértil rodeado de marismas. Por desgracia, la población no prosperó. El invierno se presentó muy frío y cientos de colonos perecieron.

◀ *Ruta de Ayllón.*

20

*Era tanto el frío que uno de aquellos pecadores, queriéndose descalzar las calzas \*, se le despegó toda la carne de ambas piernas, desde las rodillas a abajo, y le quedaron los huesos limpios, y esa noche se murió* (Gonzalo Fernández de Oviedo).

Uno de los que cayeron fue el propio Lucas Vázquez de Ayllón, que falleció el 18 de octubre de 1526, *arrepentido de sus culpas y de sus pensamientos y armadas.*

Los ciento cincuenta supervivientes volvieron a Santo Domingo, llevando con ellos el cadáver de su capitán. En medio de la travesía estalló una tormenta y los restos mortales del juez que quiso ser conquistador cayeron al mar.

# II LA GRAN CAMINATA

El trágico fin de los capitanes que emprendieron la búsqueda de la Fuente de la Eterna Juventud no desanimó a los demás conquistadores. Siempre había un candidato dispuesto a triunfar allí donde fracasaron Ponce, Garay y Vázquez de Ayllón.

Así pues, en 1526 el rey autorizó a Pánfilo de Narváez a conquistar la Florida y la costa del golfo de México hasta el río de Palmas. Narváez, hombre pedante y de voz engolada *, era un militar valiente, pero también un mal oficial.

Tras participar en la conquista de Cuba, mandó en 1520 una expedición a México para detener a Hernán Cortés, quien había emprendido la conquista de México sin la autorización de Diego Velázquez, gobernador de Cuba.

La mala estrella que siempre persiguió al infeliz Pánfilo se presentó apenas desembarcó en México. Tenía más de mil soldados, y su rival, ciento veinte. Sin embargo, Hernán Cortés lo derrotó con facilidad. Narváez perdió un ojo en la batalla y cayó prisionero. Cuando regresó a España, el emperador, como compensación, lo nombró gobernador del territorio descubierto por Ponce de León.

# 1. Narváez, el conquistador sin suerte

La flota salió de España el 17 de junio de 1527. Estaba formada por cinco barcos y llevaba una tripulación de seiscientos hombres. Uno de ellos era Álvar Núñez Cabeza de Vaca, persona culta y bondadosa que viviría una de las aventuras más extraordinarias e increíbles que jamás se hayan realizado. Años después, Álvar Núñez escribiría un libro sobre ella titulado *Naufragios*.

El viaje transcurrió sin problemas hasta llegar a Santo Domingo. En esta isla Narváez perdió más de ciento cuarenta soldados, que desertaron atraídos por las promesas de trabajo que les hicieron los habitantes del lugar. La mala suerte, compañera inseparable de Narváez, había reaparecido de nuevo y lo acompañaría hasta el desastre final.

Después de perder dos buques en una violenta tempestad, la escuadra dejó Cuba y continuó hacia Florida. La navegación estuvo llena de problemas porque el piloto mayor * no sabía la ruta y cometió muchos errores. Uno de ellos fue tan grave que pudo ser fatal:

*Metió los navíos por los bajíos * que se dicen de Canarreo, de manera que al día siguiente dimos en seco. Así estuvimos quince días, tocando muchas veces las quillas * de los navíos en seco. Al cabo de los cuales, una tormenta del sur metió tanta agua en los bajíos, que pudimos salir, aunque no sin mucho peligro* (Álvar Núñez).

El 12 de abril de 1528, las naves anclaron frente a las costas de Florida

*Álvar Núñez Cabeza de Vaca.*

23

y sus tripulantes se prepararon para emprender la conquista. Los resultados de los primeros reconocimientos desilusionaron a los soldados. La Florida era una tierra hermosa y fértil, pero, desgraciadamente, no poseía oro, plata o piedras preciosas. Las pocas joyas que se encontraron en las chozas de los indios venían, según les dijeron los indígenas por señas, de un lejano país llamado Apalache, muy rico en metales preciosos. Tampoco las aguas poseían virtudes curativas.

Narváez reunió a los oficiales para decirles que pensaba dividir el ejército: los soldados irían a Apalache por tierra y los barcos costearían el litoral hasta que descubriesen un buen puerto. Álvar Núñez se opuso a la decisión del gobernador. Afirmó que no debían abandonar las naves hasta que las dejasen en un lugar seguro. Además, los caballos estaban en malas condiciones, había pocas provisiones y, sobre todo:

*Íbamos mudos y sin lengua \*, por donde mal nos podíamos entender con los indios, ni saber lo que de la tierra queríamos, y que estábamos en una tierra de la que ninguna noticia teníamos, ni sabíamos de qué suerte era, ni lo que*

*en ella había, ni de qué gente estaba poblada, ni a qué parte de ella estábamos* (Álvar Núñez).

El orgulloso Narváez no hizo caso de las prudentes palabras de Álvar Núñez. Le contestó que si tanto le preocupaba la suerte de los buques, que se quedase y tomase el mando de la flota. Cabeza de Vaca rechazó indignado la oferta porque si aceptaba lo acusarían de cobardía, y él no quería que su *honra es!tuviese en disputa*.

La separación de los expedicionarios originó un curioso incidente. Una mujer se enfadó mucho cuando vio que su marido partía hacia una muerte segura y propuso a sus compañeras que:

*Pues sus maridos entraban en la tierra adentro y ponían sus personas en tan grave peligro, no hiciesen en ninguna manera cuenta de ellos; y que luego mirasen con quién se habían de casar, porque ella así lo había de hacer. Y así lo hizo; que ella y las demás se casaron con los que quedaron en los navíos* (Álvar Núñez).

## 2. El fracaso de Pánfilo

A finales del mes de junio, los españoles, hambrientos y cansados, conquistaron el pueblo de Apalache y sufrieron una nueva decepción. En la aldea no había oro; sólo unos cuantos puñados de maíz que fueron devorados inmediatamente.

Desengañado, Narváez regresó a la costa y volvió a reunir a los oficiales. Éstos decidieron que la única forma de salir con vida de la Florida era por el mar. La tarea presentaba muchas dificultades, porque no tenían barcos ni material para construirlos, pero los soldados no se desanimaron y se pusieron a trabajar con gran rapidez. Fundieron las espuelas, los cascos e, incluso, las espadas para hacer clavos y sierras, cortaron gruesos árboles, fabricaron cuerdas con las colas de los caballos e hicieron velas con sus propias camisas.

Dirigidos por un hábil carpintero,

construyeron cinco grandes barcas en menos de dos meses.

La travesía no fue afortunada. Una tormenta hundió una barcaza y otra se perdió. Además, las canoas indias los atacaron varias veces. Uno de estos combates tuvo lugar en la desembocadura del río Mississippi, uno de los parajes más hermosos del continente americano.

Al terminar el mes de octubre, las corrientes separaron las tres barcas que quedaban. Cabeza de Vaca, que iba al mando de una, ordenó a sus hombres que alcanzaran la lancha de Narváez. Cuando las dos embarcaciones estuvieron juntas, Álvar Núñez

dijo al gobernador que debían reunirse con la tercera barcaza y continuar todas unidas. Narváez respondió que aquello era imposible y que él se dirigía a tierra.

Álvar Núñez decidió acompañar al gobernador, pero sus compañeros no pudieron seguir el ritmo marcado por los marineros de Narváez, y las barcas se separaron una vez más. Entonces, Cabeza de Vaca pidió al capitán que los remolcasen. Al negarse éste, Álvar Núñez le rogó que ordenase lo que debía hacer cuando perdieran el contacto. Narváez respondió que hiciese lo que mejor le pareciera para salvar la vida, pues *ya no era tiempo de mandar*

*unos a otros.* Al oír aquello, Núñez dio media vuelta y se unió al tercer lanchón.

La conducta egoísta de Narváez no lo salvó de la muerte. El gobernador alcanzó la playa sin problemas, aunque por razones desconocidas prefirió dormir en la canoa. Al llegar la medianoche, un fuerte viento vino del norte y arrastró la barca al mar abierto. No se volvió a ver nunca más la barca, ni se tuvo noticia de Pánfilo de Narváez, el conquistador sin suerte. Se cumplió así la profecía de una morisca de Hornachos, quien, en la lejana España, predijo que Narváez no saldría con vida de la tierra adonde iba.

## 3. Los náufragos de la isla Mal Hado *

Las dos embarcaciones que quedaban continuaron navegando juntas hasta que una de ellas se hundió a causa de una fuerte tormenta. En los primeros días de noviembre de 1528, una ola gigantesca volcó la lancha de Cabeza de Vaca cuando pasaban al lado de una isla situada frente a la actual ciudad de Galvestown.

Aunque casi todos los hombres pudieron salvarse, su situación era desesperada, pues perdieron las pocas cosas que tenían en el naufragio. Los supervivientes se agruparon tiritando de frío en la playa y empezaron a llorar como niños. Entonces sucedió algo muy curioso: los indios de la isla, asombrados al ver el espectáculo, se sentaron entre los blancos y comenzaron *a llorar recio, y tan de verdad que lejos de allí se podía oír, y esto les duró más de media hora.*

La vida en aquella isla, que llamaron «Mal Hado», no fue nada agradable para los españoles. Los indígenas les enseñaron a pescar y a coger raíces silvestres, pero a causa del mal tiempo no se dio bien la pesca y muchos españoles murieron por falta de alimento. El hambre llegó a tales extremos que algunos blancos, separados de sus compañeros, *se comieron los unos a los otros hasta que quedó uno solo, que por ser solo no hubo quien lo comiese.*

Poco después, una rara enfermedad de estómago atacó a los indios, pereciendo más de la mitad de la población. Los indígenas, que estaban muy enfadados con los hombres blancos desde que descubrieron sus prácticas antropófagas *, creyeron que eran los causantes del mal y decidieron matarlos a todos. Afortunadamente, un jefe habló en favor de los españoles, afirmando que no podían ser los responsables de la enfermedad porque ellos también la padecían, como demostraba el hecho de que sólo viviesen quince de los ochenta extranjeros.

Los habitantes de la isla hicieron caso al cacique y respetaron la vida de los blancos con la condición de que en adelante cada uno de ellos cuidaría de la salud de un grupo de familias.

*Nos quisieron hacer físicos \* sin examinarnos ni pedirnos títulos, porque ellos curan las enfermedades soplando al enfermo, y con aquel soplo y las manos echan de él la enfermedad. Nos mandaron que hiciésemos lo mismo y sirviésemos para algo [útil]. Nosotros nos reíamos de ello, diciendo que era burla y que no sabíamos curar. Y por esto nos quitaban la comida hasta que hiciésemos lo que decían. En fin, nos vimos en tanta necesidad que lo tuvimos que hacer...*

*Lo que el médico hace es darle unas sajas \* donde tiene el dolor, y le chupan alrededor de ellas. Dan cauterios \* de fuego, que es cosa entre ellos tenida por muy provechosa. Yo lo he experimentado y me fue bien con ello. Después de*

*esto soplan aquel lugar donde les duele. Con esto creen ellos que se les quita el mal* (Álvar Núñez).

Los españoles dominaron pronto los secretos de la medicina india. Incluso llegaron a introducir algunas modificaciones. Así, no cortaban ni quemaban la carne, sino que se limitaban a santiguar al paciente mientras rezaban el *Padre nuestro* y el *Ave María*. Los blancos resultaron ser unos magníficos curanderos, y los indígenas se lo agradecieron dándoles permiso para abandonar la isla cuando quisieran. Los náufragos aprovecharon la oportunidad para reagruparse y pasar al continente.

## 4. El comerciante Álvar Núñez

Desgraciadamente, Álvar Núñez no formaba parte del grupo, pues la familia de su amo vivía desde hacía tiempo en tierra firme. Álvar intentó seguir a sus compañeros cuando supo la noticia, pero le fue imposible porque cayó muy enfermo. Sin embargo, no perdió el ánimo y trazó un plan para reunirse con sus compatriotas. Lo primero que hizo fue huir al territorio de los charrucos, una tribu vecina que

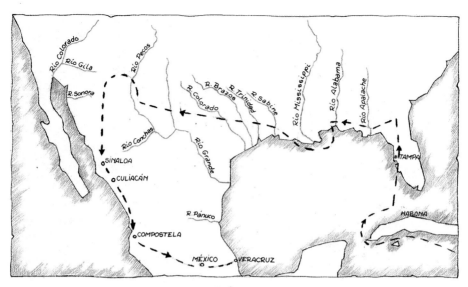

*Ruta de Álvar Núñez.*

daba un trato más humano a los prisioneros. Después abandonó la medicina y se dedicó al comercio, una actividad que los indios no practicaban.

Las distintas tribus de la zona necesitaban los productos de sus vecinos; sin embargo, como siempre estaban guerreando entre sí, no podían conseguirlos. Núñez no pertenecía a ninguna tribu y, por tanto, era la única persona que tenía libertad para ir de un pueblo a otro. Por eso, el éxito le acompañó desde el primer momento y pronto se convirtió en un personaje importante para los indígenas.

Los continuos viajes que hizo Álvar de la costa al interior para cambiar conchas marinas por puntas de flechas y pieles le permitieron familiarizarse con el terreno y trazar la ruta que debía seguir.

Cabeza de Vaca podía haber emprendido la huida en cualquier momento, pero un sentimiento muy noble se lo impedía. En la isla de Mal Hado quedaba todavía un español, llamado Lope de Oviedo, y Álvar no quería marcharse sin él. Oviedo tenía miedo y no se atrevía a dejar la isla. Todos los años pasaba Núñez a Mal Hado y tratada de convencer a Oviedo. Mas éste siempre retrasaba la partida, suplicando a su compañero que no lo dejara allí solo. Así pasaron seis largos y duros años. Finalmente, Oviedo se decidió y ambos marcharon hacia México.

Al poco tiempo cayeron en manos de una tribu tan cruel que Oviedo, incapaz de soportar los golpes, volvió una noche a Mal Hado. Dos días después, Álvar encontró a los españoles que buscaba. Sólo quedaban tres con vida: Andrés Dorantes, Alonso del Castillo Maldonado y Esteban de Azamor, un esclavo negro propiedad del capitán Dorantes.

Una vez juntos, los cuatro supervivientes planearon una nueva fuga. Por desgracia, un suceso inesperado impidió que ésta se pusiera en práctica.

*Cuando fueron cumplidos los seis meses que yo estuve con los cristianos esperando a poner en efecto el concierto que teníamos hecho, los indios se fueron a las tunas \*, que había de allí a donde las habían de coger hasta treinta leguas. Y ya que estábamos para huirnos, los indios con quien estábamos riñeron unos con otros sobre una mujer,*

*y se apuñalaron y apalearon y descalabraron unos a otros. Con el gran enojo que tuvieron, cada uno tomó su casa y se fue a su parte; de donde fue necesario que todos los cristianos que allí estábamos también nos apartásemos. De ninguna manera nos pudimos juntar hasta pasado otro año (Álvar Núñez).*

A finales de septiembre, Álvar y sus amigos pudieron emprender la marcha. Se iniciaba así uno de los viajes más sorprendentes e increíbles de la historia.

## 5. La gran caminata

Durante tres años, los españoles recorrieron miles y miles de kilómetros a pie. Para subsistir, volvieron a convertirse en curanderos. Los métodos que utilizaban eran al principio los mismos de Mal Hado, si bien pronto los perfeccionaron. Cabeza de Vaca, que era un hombre muy habilidoso, no se limitó a soplar, santiguar y rezar; también hacía operaciones:

*Me trajeron un hombre, y me dijeron que hacía tiempo que le habían he-*

rido con una flecha por la espalda derecha, y tenía la punta de la flecha sobre el corazón. Decía que le daba mucho dolor y que por aquella causa siempre estaba enfermo. Yo le toqué y sentí la punta de la flecha, y vi que la tenía atravesada por la ternilla. Con un cuchillo que tenía, le abrí el pecho hasta aquel lugar, y vi que tenía la punta atravesada, y estaba muy mala de sacar. Volví a cortar más, y metí la punta del cuchillo, y con gran trabajo al fin la saqué. Era muy larga y con un hueso de venado. Usando de mi oficio de medicina, le di dos puntos; y dados, se me desangraba, y con la raspa de un cuero le estanqué la sangre. Cuando hube sacado la punta, me la pidieron y yo se la di. Todo el pueblo vino a verla, y la enviaron por la tierra adentro para que la viesen los que allí estaban, y por esto hicieron muchos bailes y fiestas, como ellos suelen hacer. Al día siguiente estaba sano; y no parecía la herida que le había hecho sino como una raya de la palma de la mano, y dijo que no sentía dolor ni pena (Álvar Núñez).

31

Las intervenciones quirúrgicas de Álvar eran rudimentarias y un poco bárbaras, pero efectivas, pues los pacientes sanaban. Lo mismo sucedía con los enfermos tratados por sus compañeros. Poco a poco, la fama de los «hijos del sol», como los llamaban los indios, creció. Las noticias sobre las milagrosas curaciones de los médicos blancos se difundieron con extraordinaria rapidez, y los españoles se convirtieron en personalidades importantes.

Ya no recibían bofetadas, palos e insultos como antes. Ahora se los respetaba. Algunas tribus, incluso, llegaban a adorarlos. Hasta tal punto los querían los indios que cientos y cientos de ellos los acompañaban en su larga peregrinación. Sin embargo, continuaban pasando hambre. Tampoco tenían ropas, y su piel, quemada por el sol y el viento, se mudaba dos veces al año.

Por otra parte, el prestigio no los libraba de los continuos peligros que acechaban a cada paso.

Una vez, al principio del viaje, Álvar se extravió mientras recogía los higos de unos cactus. Afortunadamente encontró un árbol ardiendo, gracias al cual logró sobrevivir a la fría noche. A la mañana siguiente cogió un par de tizones y unos cuantos palos e inició la búsqueda de sus compañeros.

Transcurrieron cinco días antes de que los encontrase. Durante ese tiempo, Núñez no pudo comer nada, se destrozó los pies y pasó mucho frío, sobre todo por las noches. Para resistir las bajas temperaturas inventó un remedio ideal:

*Me iba a las matas del monte que estaba cerca de los ríos y paraba en ellas antes que el sol se pusiese. En la tierra hacía un hoyo y en él echaba mucha leña que se cría en los árboles. Juntaba mucha leña de la que estaba caída y seca de los árboles, y hacía cuatro fuegos en cruz alrededor de aquel hoyo. Yo tenía cargo y cuidado de re-*

*hacer el fuego de rato en rato, y hacía unas gavillas \* de paja larga que por allí hay, con las que me cubría en aquel hoyo. De esta manera me amparaba del frío de las noches. Una noche el fuego cayó en la paja con que yo estaba cubierto, estando yo durmiendo en el hoyo, comenzó a arder muy recio. Por mucha prisa que me di, todavía saqué señal en los cabellos del peligro en que había estado* (Álvar Núñez).

## 6. Un descubrimiento sorprendente

Pasaron los meses y continuaba el viaje, que parecía no tener fin. La vida de los cuatro caminantes mejoró bas-

tante cuando cruzaron el río Grande. Los indios de la zona poseían una cultura muy superior a la de las tribus que habían visitado antes. Practicaban la agricultura de regadío, se vestían con tejidos de algodón y vivían en edificios construidos con ladrillos de adobe \*.

La llegada de los españoles fue muy beneficiosa para aquellos pueblos. La guerra continua que mantenían las distintas tribus del territorio desapareció por completo gracias a los «hijos del sol», porque si un grupo quería aprovechar la «medicina» de los hombre blancos debía hacer la paz con sus vecinos para poder recibirlos.

Álvar, ejemplo de caballero cristiano, aprovechó la situación para sembrar entre los indígenas la semilla del cristianismo. Por medio de gestos y señas les dijo que él y sus compañeros creían que allá arriba, en el cielo:

*Había un hombre que llamábamos Dios, el cual había creado el Cielo y la Tierra. A Éste adorábamos nosotros y le teníamos por Señor, y hacíamos lo que nos mandaba, porque todas las cosas buenas venían de su mano. Si ellos lo hacían así, les iría muy bien* (Álvar Núñez).

Un día, Castillo hizo un descubrimiento sensacional que les llenó de alegría. Vio a un indio que llevaba colgada del cuello una hebilla perteneciente al talabarte * de una espada. Aquel pedazo de metal dio nuevas fuerzas a los caminantes, que reemprendieron algo más animados la larga marcha.

A las pocas semanas, Álvar, que se había adelantado a sus compañeros, se topó casualmente con cuatro jinetes españoles. Los soldados, sorprendidos al contemplar el rarísimo aspecto de Cabeza de Vaca, cubierto de pieles y adornado con decenas de collares, le miraron con ojos atónitos durante un buen rato, incapaces de pronunciar ninguna palabra.

Desgraciadamente, el encuentro no se pareció nada al que imaginara Álvar durante sus largos años de vagabundear. Diego de Alcaraz, el capitán de aquellos soldados, se dedicaba a capturar indios, y quiso hacer esclavos a los indígenas que acompañaban a los cuatro caminantes. Para impedirlo, Cabeza de Vaca ordenó a los indios que se volvieran a sus tierras.

Superados los problemas, Álvar Núñez y sus tres amigos se dirigieron a Compostela, capital de la provincia de

Nueva Galicia *. Pasaron luego a la Ciudad de México, donde el virrey y Hernán Cortés trataron por todos los medios de hacerles olvidar las penalidades sufridas. Dieron fiestas en su honor, organizaron corridas de toros, les regalaron ropas carísimas y los alojaron en sus palacios. Sin embargo, aquellos héroes no disfrutaron con las comodidades de la civilización. Se habían acostumbrado tanto a la dura vida que llevaban los indígenas que durante muchos días *no pudimos traer los vestidos, ni podíamos dormir sino en el suelo.*

Meses después, Álvar Núñez regresó a España, pero no tuvo una travesía feliz. La nave fue atacada por un barco corsario * francés, cerca de las islas Azores, y a punto estuvo Cabeza de Vaca de caer prisionero. Afortunadamente, apareció una flota portuguesa que puso en fuga al corsario.

El 9 de agosto de 1537 Álvar Núñez Cabeza de Vaca desembarcaba en el puerto de Lisboa. Habían transcurrido diez años desde que saliera de España. La mayor parte de ese tiempo la pasó caminando junto a sus tres compañeros.

Durante ocho largos e interminables años, los españoles recorrieron la

Florida, bordearon las costas de Alabama, Mississippi y Louisiana; cruzaron Texas hasta alcanzar la ribera oriental del río Grande del norte y subieron río arriba, abandonando la corriente cerca de la ciudad de El Paso. Luego, penetraron en Nuevo México, atravesando Sonora y Chihuahua antes de llegar a Culiacán. En total hicieron unas dos mil leguas cruzando el continente norteamericano de costa a costa.

# III LAS SIETE CIUDADES DE CÍBOLA

El relato de las aventuras y desventuras sufridas por los cuatro caminantes causó gran revuelo entre los habitantes de México.

Álvar Núñez hablaba de enormes llanuras que se extendían sin fin hacia el norte, pobladas por miles de «vacas jorobadas», y en las que se hallaban enormes turquesas, tan grandes como el puño de un hombre. El negro Esteban, mucho más imaginativo, añadía que cerca del «país de las vacas» había una comarca muy rica en oro y piedras preciosas, cuyos habitantes vivían en siete magníficas ciudades de piedra.

Por supuesto, los oyentes no se atrevían a poner en duda las narraciones de Álvar y Estebanico. Muchos de ellos tomaron parte en la conquista de México, y las maravillas que contemplaron les obligaban a creerse cualquier cuento, incluso el más fantástico.

Así comenzó a hacerse popular la leyenda de las Siete Ciudades.

## 1. La leyenda de las Siete Ciudades

Esteban de Azamor debió de poseer una imaginación prodigiosa y una inteligencia extraordinaria, pues inventó una hermosa historia que mezclaba las leyendas españolas con los mitos aztecas y los cuentos árabes de *Las mil y una noches*.

La idea se le ocurrió en la ciudad de Compostela, mientras escuchaba las conversaciones de sus tres compañeros con el gobernador de Nueva Galicia.

Nuño Beltrán de Guzmán, el gobernador, tenía un criado llamado Tejo. Éste decía que visitó de niño una comarca donde las casas se adornaban con figuras de oro macizo. Aquella región, situada al norte de México, estaba dividida en siete reinos.

La historia de Tejo podía inspirarse en un hecho real, porque los indios del suroeste de los Estados Unidos y los de México mantuvieron relaciones comerciales antes de la llegada de los españoles. Sin embargo, lo más probable es que Tejo se limitara a contar el antiguo mito azteca de *Chicomoztoc* *. Según la leyenda, los aztecas y sus vecinos no eran originarios de México, sino de un misterioso lugar denominado «las Siete Cavernas», que estaba en el norte.

Sea como fuere, lo cierto del caso es que Nuño Beltrán se tragó el cuento de Tejo. Y así, cuando andaba ocupado en la conquista de Nueva Galicia, envió una expedición en busca de las Siete Ciudades. El destacamento volvió sin encontrar rastro de las fabulosas urbes. Guzmán, disgustado por el fracaso, retrocedió para consolidar la conquista de los territorios sometidos.

Estebanico, que había escuchado los rumores de los indios norteamericanos sobre unas gentes vestidas de gamuza * que construían casas de varios pisos, relacionó rápidamente ambas noticias. Luego, incapaz de frenar su desbocada imaginación, identificó los enigmáticos poblados con la antigua tradición española de las Siete Ciudades de Antilia.

La leyenda, muy popular en la península Ibérica durante la Edad Media, contaba la historia de siete obispos que al frente de un gran número de fieles abandonaron Lisboa por mar huyendo de la invasión mora. Después de navegar muchos días, alcanzaron una isla, que bautizaron con el nombre de Antilia. Allí edificaron siete hermosas ciudades.

Muchos geógrafos creyeron en la existencia de la ínsula Antilia. Uno de ellos fue el famoso Paolo del Pozzo Toscanelli, quien, en opinión de algunos historiadores, aconsejó a Colón que hiciera una escala en Antilia durante su viaje a China.

La exploración del océano Atlántico puso fin al cuento. Pero éste se resistía a morir y reapareció a los pocos años en las áridas tierras del suroeste de Norteamérica, en boca del fantasioso Esteban de Azamor.

## 2. Fray Marcos de Niza, el fraile aventurero

En 1537, coincidiendo con la partida de Álvar Núñez para España, llegó a México un fraile franciscano llamado Marcos de Niza. Fray Marcos venía del Perú, donde ejerció el cargo de superior de la Orden.

Niza era portugués y se entusiasmó al oír las fabulosas narraciones de Estebanico. Ni corto ni perezoso, el inquieto religioso —que recorrió América de punta a punta sin permanecer nunca mucho tiempo en el mismo lugar— pidió permiso al virrey para explorar las mágicas tierras del norte.

A diferencia de sus súbditos, don Antonio de Mendoza no se creía los relatos de Estebanico. Sin embargo, aceptó la petición por dos razones: primera, porque una de sus obligaciones como virrey consistía en aumentar las fronteras mexicanas, y segunda, por-

que fray Marcos parecía ser la persona más apta para dirigir una expedición exploradora. En opinión de Mendoza, el fraile era un *hombre de fiar, experto en cosmografía* * *y en las cosas del mar, tanto como en teología.*

Pero el prudente Mendoza seguía dudando de las maravillosas descripciones del negro y se negó a organizar una expedición militar. No emprendería una larga y costosa campaña basándose sólo en habladurías. Antes necesitaba saber más sobre la región: el clima, la fauna, la flora, la calidad del suelo, los metales y, sobre todo, el tipo de gente que la habitaba, *si es mucha o poca, y si están desparramados o viven juntos.*

Así pues, fray Marcos debería afrontar los desconocidos peligros del norte sin otra ayuda que la que le prestasen Estebanico, el hermano Honorato, un compañero franciscano y un puñado de indios cristianos.

## 3. A través del desierto

El 7 de marzo de 1539, los osados exploradores salieron de San Miguel Culiacán, el puesto fronterizo más avanzado de la Nueva España (México).

Los primeros indios que encontraron los recibieron con grandes muestras de amistad. Las noticias que les proporcionaron confirmaron las suposiciones de Estebanico y fray Marcos. Los indígenas, que se adornaban con collares de conchas marinas y perlas, le dijeron que:

*Más adelante había gentes vestidas de algodón, que tenían vajillas de oro y unas paletillas hechas del mismo metal con las cuales se raen y se quitan el sudor (Marcos de Niza).*

Los indios añadieron que conocían bien aquellos reinos, denominados Marata, Acus y Totonteac, pues los visitaban con frecuencia para obtener turquesas y pieles curtidas, que compraban *sirviendo en Cíbola, cavando la tierra.*

Fray Marcos debió de saltar de alegría al oír aquello. Las siete ciudades de sus antepasados existían, e incluso sabía su auténtico nombre: Cíbola. Desde entonces nadie volvió a utilizar la palabra Antilia para hablar de las famosas urbes.

El fraile no se dejó arrastrar por el entusiasmo. Actuó con precaución y decidió dividir las fuerzas. Como era hombre de paz, ordenó a Estebanico que se adelantara para explorar el terreno, permaneciendo él en la retaguardia.

El negro debería enviarle informes cada cierto tiempo. Para ello ideó un ingenioso sistema de comunicaciones: Estebanico mandaría periódicamente un mensajero con una cruz, cuyo tamaño indicaría los resultados del viaje.

Se separaron a primeros de abril, cuando cruzaron Arizona. Cuatro días después se presentó en el campamento de fray Marcos un indio que llevaba una cruz de gran tamaño. También traía un optimista mensaje del negro:

*En esta provincia hay siete ciudades muy grandes; las más pequeñas de un sobrado \* y una azotea encima, y otras de dos y tres sobrados, y la del señor de cuatro, juntas todas por orden; y en las portadas de las casas principales muchas labores de piedras turquesas* (Marcos de Niza).

41

## 4. Fray Marcos habla con los indios

Entusiasmado, el buen fraile siguió las huellas de Estebanico, que avanzaba con gran rapidez. El negro Esteban, recordando sus pasadas aventuras, fingía ser un famoso curandero. Para impresionar a los indígenas, se vestía con ropas muy lujosas y hacía que le sirviesen la comida en una vajilla de loza verde. Sin embargo, trataba muy mal a los indios, abusando de su hospitalidad. Después de santiguarlos, exigía regalos, amenazando con echarles los perros galgos que llevaba si no se los entregaban.

Mientras tanto, fray Marcos, que no se fiaba del negro, investigaba la veracidad de los informes que recibía.

Los interrogatorios del franciscano resultaban tan pesados que los indios, enfadados porque el hombre blanco dudaba de sus palabras, hacían pequeñas maquetas de las maravillosas casas de Cíbola.

*Cogían tierra y ceniza y echaban agua* —escribe fray Marcos—, *y me señalaban cómo ponían la piedra y cómo construían el edificio, poniendo aquella masa y piedras hasta hacerlo.*

Luego, para indicarle la distancia que separaba cada piso, *tomaban un palo y lo ponían sobre la cabeza y decían que aquella altura hay de sobrado a sobrado.*

Lo mismo pasaba cuando fray Marcos preguntaba insistentemente sobre las ropas de los cibolanos. Los indios, tras palpar *el hábito franciscano de paño de Zaragoza,* afirmaban que las casas de Totonteac estaban llenas de ropas de la misma clase. Al parecer, los cibolanos criaban unos animales de un tamaño parecido al de los galgos, de los cuales sacaban la lana *con que se hace eso que tú traes.*

## 5. El «Nuevo Reino de San Francisco»

A finales de mayo, fray Marcos de Niza llegó a las puertas de la ansiada meta, que bautizó con el nombre de «Nuevo Reino de San Francisco». Plantó una cruz y tomó posesión de las nuevas tierras en nombre del emperador Carlos.

El franciscano nunca cruzaría las puertas de las fabulosas ciudades. Cuando iba a reemprender la marcha, uno de los sirvientes de Estebanico le

comunicó que los cibolanos habían asesinado al negro junto con el resto de sus compañeros.

Por lo visto, la conducta de Esteban enfadó tanto a los indígenas que éstos, cansados de sus abusos, decidieron acabar con él. Los cascabeles, las prácticas mágicas y los galgos no salvaron la vida del antiguo compañero de Cabeza de Vaca. El negro murió y sus restos se repartieron entre los distintos poblados.

El pueblo donde pereció Estebanico se llamaba Hawikuh y estaba habitado por los zuñis *, una de las tribus más pacíficas del oeste norteamericano. Los zuñis todavía se acuerdan de Esteban de Azamor. Cuando se les pregunta por él, señalan las ruinas de Kiakima, en la montaña del Trueno, y dicen que allí murió el *negro mexicano*.

Naturalmente, fray Marcos no se atrevió a seguir, limitándose a observar la ciudad desde un lejano cerro. Entonces sucedió un fenómeno sorprendente. El buen fraile, aturdido por el calor y la muerte de Estebanico, vio, o creyó ver:

*Una ciudad más grande que la ciudad de México, de buena apariencia. Lo mejor que he visto en estos lugares, más grande que cualquier ciudad de México.*

Nunca sabremos si fray Marcos vio las siete ciudades o las soñó. Algunos historiadores lo niegan; otros piensan que el aventurero fraile contempló los poblados zuñis, situados a unos doscientos setenta kilómetros al suroeste de la ciudad de Santa Fe, en Nuevo México.

Lo que sí se sabe es que el fraile, temeroso de seguir el triste destino de Estebanico, *regresó a dobles marchas sin ver más del país.*

Niza volvió a Compostela a principios del verano. Pasó después a la ciudad de México, donde informó al virrey de los resultados de la expedición.

# IV  LA EPOPEYA DE FRANCISCO VÁZQUEZ DE CORONADO

El informe de fray Marcos, presentado el 2 de septiembre ante un escribano público *, originó una explosión de entusiasmo en la Nueva España. ¡Fray Marcos había encontrado otro México, otro Perú!

Incluso don Antonio, el prudente virrey, se contagió de la manía descubridora y solicitó permiso para apoderarse de las riquísimas Siete Ciudades de Cíbola.

No fue el único. En la lejana España, la flor y nata de los conquistadores exigió el privilegio de ponerse al frente de la entrada *. Hernán Cortés, el vencedor de los aztecas, pidió el puesto en calidad de capitán general de la Nueva España. Pedro de Alvarado, su valeroso lugarteniente y conquistador de Guatemala, hizo lo mismo, afirmando que Cíbola pertenecía a la gobernación de las islas Molucas. El mismo motivo alegaron Hernando de Soto, el nuevo gobernador de la Florida, y Nuño Beltrán de Guzmán, primer buscador de las Siete Ciudades y ahora responsable de la zona de Pánuco.

Ninguno consiguió su propósito. El emperador Carlos rechazó todas las peticiones, excepto la del virrey. Éste no tuvo problemas para preparar la expedición. Las visiones de fray Marcos, agigantadas al pasar de boca en boca, fueron un poderoso aliciente. A las pocas semanas se habían alistado más de trescientos voluntarios.

# 1. La gran entrada

En abril de 1540, una poderosa hueste partía de San Miguel Culiacán. La formaban trescientos infantes, setenta jinetes y ochocientos auxiliares indígenas. Los soldados llevaban más de mil caballos, decenas de ovejas y una enorme piara de cerdos, que servirían de alimento al ejército si no se encontraban las famosas «vacas jorobadas».

El jefe de la entrada era un joven de treinta años, llamado Francisco Vázquez de Coronado, quien había sido nombrado gobernador de la Nueva Galicia en sustitución de Nuño Beltrán de Guzmán. Por supuesto, lo acompañaba fray Marcos, ascendido al cargo de provincial franciscano de las nuevas tierras.

Acababa de comenzar otra extraordinaria aventura. Una aventura que nada tendría que envidiar a las fantasías más descabelladas. La realidad superó a la imaginación hasta tal punto que uno de los hombres de Coronado afirmó tiempo después:

*Yo no estoy escribiendo fábulas, como algunas de las cosas que ahora leemos en los libros de caballería. Si no fuese porque estas historias contenían encantamientos, hay algunas cosas que nuestros españoles han hecho en nuestros días en estas partes, en sus conquistas y encuentros con los indios, que, como hechos dignos de admiración, sobrepasan no sólo a los libros ya mencionados, sino también a los que se han escrito sobre los Doce Pares de Francia* (Pedro de Castañeda).

La larga columna marchó lentamente hacia su objetivo. Atravesó Sonora, pasó cerca de Tucson y dobló hacia el noroeste tras cruzar el río Gila. En vanguardia avanzaban Vázquez de Coronado y fray Marcos, acompañados por cincuenta jinetes y algunos frailes.

La entrada se volvió más y más dura a medida que se sucedían los días. Hacía un calor espantoso y no se encontró agua ni pastos para los animales. Por fin, a mediados de julio, la hueste llegó a la fabulosa Cíbola.

Los soldados sufrieron una tremenda desilusión al contemplar la ciudad donde murió Estebanico. No era tan grande como dos Sevillas juntas, ni había catedrales con techos de oro, ni murallas de turquesas. Era, simplemente, un conjunto de casas de varios

pisos, hechas de adobe. De lejos recordaba los pueblos manchegos y andaluces.

Además, por si esto no bastara, debieron asaltar el poblado, pues los zuñis los recibieron de manera hostil. El registro de las chozas confirmó las primeras sospechas de la hueste: los cibolanos no tenían oro.

El imaginativo fray Marcos regresó poco después a Sonora, cansado de soportar las burlas de los desengañados soldados. Coronado, en cambio, se quedó en Cíbola y decidió continuar la exploración, *por no volver a México sin hacer algo y con las manos vacías.*

## 2. El Gran Cañón del Colorado

Vázquez de Coronado estableció su cuartel general en Cíbola. Inmediatamente envió al capitán Tovar, al padre Juan de Padilla y a diecisiete soldados hacia el noroeste para que confirmaran los rumores acerca de una región llena de riquezas.

El destacamento, tras cruzar un terreno arenoso, halló unos poblados indios iguales a Cíbola. Al poco tiempo regresaron a la base con una nueva habladuría: los indios de aquel territorio decían que había un gran río más lejos.

Fue necesario organizar una segunda patrulla para confirmar la noticia. La tropa, capitaneada por García López de Cárdenas, atravesó el polvoriento *Desierto Pintado* durante veinte días. Luego llegó al lugar indicado por los indios, *un barranco tan acantilado de peñas, que apenas podían ver el río.* López de Cárdenas acababa de descubrir el

*Ruta de Francisco Vázquez de Coronado.*

Gran Cañón del río Colorado, uno de los paisajes geográficos más impresionantes de la Tierra.

Los sorprendidos españoles se asomaron al profundo precipicio y contemplaron la corriente de agua, que, vista desde arriba, no parecía tener *más que seis pies de ancho, aunque los indios aseguraban que tenía media legua.*

## 3. «Los que beben del rocío»

Mientras tanto, en la lejana Cíbola, Coronado se entrevistaba con unos indígenas que vivían al este del país zuñi. Los cicuyes * habían oído hablar de los poderosos hombres blancos y deseaban ser amigos suyos.

Por supuesto, los cicuyes contaban mil maravillas de las «vacas» que poblaban su país, y elogiaban las riquezas del vecino reino de Acus.

Los zuñis no tenían lana, ni adornaban sus casas con turquesas, pero tal vez estas cosas existieran en Acus. Así pues, se organizó una tercera expedición al mando de Hernando de Alvarado. Cinco días después, el capitán llegó a Ako, la actual Acoma.

El poblado, construido en la cima de una meseta rocosa, atrajo la atención de cuantos españoles lo contemplaron. Era una auténtica fortaleza, que el mismísimo Vázquez de Coronado definió como *la más fuerte que se pudo ver en el mundo.* En ella habitaban los keres *, un belicoso pueblo temido por los zuñis y a quienes denominaban «los que beben del rocío».

Uno de los soldados de Vázquez de Coronado escribió lo siguiente sobre Acoma:

*Pasó el ejército por Acuco, el gran peñol *. Nos dieron un buen recibimiento porque estaban de paz, dando alimentos y aves, aunque hay poca gente en ella [...]. Muchos compañeros subieron a lo alto para verla, y escalaron los pasos de la peña con gran dificultad por no tener práctica. Los naturales suben y bajan tan libremente que, aunque van cargados de alimentos y las mujeres con agua, parece que no tocan la peña con las manos. Y los nuestros, para subir, debían darse las armas los unos a los otros en el paso arriba* (Pedro de Castañeda).

Los jinetes de Alvarado continuaron la marcha y entraron en Tiguex, un hermoso valle regado por una poderosa corriente fluvial, el Río Grande. El territorio, limitado por las modernas ciudades de Taos, Pecos y Alburquerque, resultaba muy agradable, y Alvarado envió un mensajero a Cíbola para recomendar que el ejército pasase allí el invierno.

La siguiente etapa del viaje le condujo a Cicuye, donde pudo ver por fin las famosas «vacas jorobadas» de las que hablara Álvar Núñez Cabeza de Vaca:

*Son estos bueyes del tamaño y color de nuestros bueyes, pero no de cuernos tan grandes. Tienen una gran joroba sobre la cruz, y más pelo de la mitad hacia adelante que hacia atrás, y es lana, las lanas, como si fueran crines, sobre el espinazo, y mucho pelo y muy largo de las rodillas abajo. Les cuelgan por la frente grandes mechones, y parece que tienen barbas, por los muchos pelos del cuello y varillas. Los machos tienen la cola muy larga con un fleco grande al lado. Así que tienen algo de león y algo de camello. Hieren con los cuernos, corren, alcanzan y matan a un caballo cuando se embravecen y enojan. Por último, es animal fiero, y feo de rostro y cuerpo* (Francisco López de Gómara).

Los cicuyes no tenían más riqueza que las «vacas jorobadas», las cuales les proporcionaban alimento y vestido. En Cicuye, el oficial español volvió a oír las habladurías de siempre sobre imperios lejanos. Sin embargo, no quiso continuar explorando, pues iba a comenzar el invierno. Regresó a Tiguex, donde se encontró con Cárdenas, que estaba preparando el terreno para la invernada del ejército. A los pocos días llegó Vázquez de Coronado, quien salió de Cíbola a últimos de noviembre.

## 4. Quivira, la ciudad de oro

El invierno fue muy duro. Los soldados pasaron hambre, frío y debieron pelear con los indígenas cuando éstos se negaron a compartir sus alimentos con los blancos. La pequeña guerra se prolongó más de lo que se podría pensar, dado que los indios eran muy belicosos. Los habitantes del pueblo de Moho, por ejemplo, resistieron el ataque español durante semanas enteras.

*En otro lugar que atacaron les mataron algunos españoles, hirieron cincuenta caballos, y los vecinos metieron*

*dentro del pueblo a Francisco de Ovan-*
*do, herido o muerto [...]. Los nuestros*
*pusieron cerco al lugar, pero pudieron*
*tomarlo en menos de cuarenta y cinco*
*días. Los sitiados bebían nieve por falta*
*de agua; y viéndose perdidos, hicieron*
*una hoguera: echaron en ella sus man-*
*tas, plumajes, turquesas y cosas de va-*
*lor para que no las gozasen aquellos*
*extranjeros* (Francisco López de Gómara).

Al comenzar el mes de abril de
1541, Vázquez de Coronado y sus
hombres dejaron el valle de Tiguex. Su
meta se llamaba ahora Quivira. Según
decía el guía indígena, un curioso personaje apodado *el Turco,* aquel país estaba a diez días de marcha de Tiguex
y sus habitantes se vestían igual que
los españoles. Tatarrax, el rey de Quivira, era un hombre riquísimo que llevaba una larga barba blanca. Tenía
una espada, una cruz de oro y rezaba
a una misteriosa Señora del Cielo.

No hubo ningún problema durante
los primeros días. Hacía buen tiempo
y se comía bien, pues los búfalos proporcionaban carne en abundancia.
Pasaron los días y Quivira, la ciudad
de oro, no apareció. Los soldados comenzaron a protestar, afirmando que
Quivira no existía, y el capitán tuvo
que dividir sus fuerzas. Una parte regresó al valle del Río Grande; la otra
continuó hacia el noroeste.

El ejército entró en Quivira cuatro meses después. Quivira, una región identificada con el centro de Kansas, fue una nueva desilusión. Los indígenas se vestían con las pieles de los búfalos, vivían en tiendas de campaña y comían la carne cruda. Su jefe, el famoso Tatarrax, no poseía más joyas que un colgante de cobre.

Los españoles acamparon junto al río Arkansas, cerca de la actual ciudad de Wichita. Durante veinticinco días exploraron la región, penetrando incluso en el sur de Nebraska. No descubrieron nada de valor y regresaron desmoralizados a Tiguex para pasar el invierno.

## 5. El regreso

La invernada fue más áspera que la anterior. La llegada de la primavera no mejoró la situación. Coronado se cayó del caballo y se hizo una grave herida en la cabeza, a consecuencia de la cual quedó trastornado. La enfermedad del capitán y el descontento de la tropa, cansada de la larga expedición, obligaron a los oficiales a ordenar el regreso a México.

El recibimiento que se dio a aquellos

valerosos hombres dejó mucho que desear. El virrey, que se había gastado sesenta mil pesos * en la empresa, *nada se holgó con su venida, aunque al principio disimulaba.*

El pueblo llano, menos diplomático, mostró a las claras su descontento por los pobres resultados de la jornada, criticando duramente a Francisco Vázquez de Coronado, de quien se dijo que se hizo el loco para volver con su esposa. Recogiendo las habladurías, Bernal Díaz del Castillo, un veterano del ejército de Hernán Cortés, escribió en sus memorias:

> *Francisco Vázquez estaba recién casado con una señora, hija del tesorero Alonso de Estrada, la cual además de estar llena de virtudes era muy hermosa. Y como fue a aquellas ciudades de la Cíbola, tuvo gana de volver a la Nueva España y a su mujer. Y dijeron algunos soldados de los que fueron en su compañía que quiso imitar a Ulises, capitán griego, que se hizo el loco cuando estaba contra Troya por venir a gozar de su mujer Penélope. Y así, Francisco Vázquez Coronado dejó la conquista que llevaba y le dio un ramalazo de locura y se volvió a México, a su mujer.*

La opinión pública se comportó de manera injusta con el capitán. El golpe afectó tanto a Coronado que el virrey le quitó la gobernación de Nueva Galicia en 1544, dándole a cambio un puesto en el Ayuntamiento de la ciudad de México.

No duró mucho tiempo en el nuevo cargo. Las autoridades, cansadas de sus extravagancias, tuvieron que escribir al rey pidiendo que no se le concediera ningún empleo de responsabilidad, porque, según decían, ni Francisco Vázquez, ni Alonso del Castillo Maldonado, el antiguo compañero de Álvar Núñez, *están para que se les dé gobernación o cargo de justicia.*

## 6. Las desventuras de Andrés Docampo

La jornada de Cíbola tendría un sorprendente final. Dos misioneros, fray Juan de Padilla y el padre Luis, deci-

dieron quedarse en Tiguex cuando la huste volvió a México. Acompañados por un portugués llamado Andrés Docampo, regresaron a Quivira para evangelizar a los indios de Tatarrax.

Los religiosos fueron asesinados por los indígenas, pero el portugués logró escapar, encontrando refugio en otra tribu. Diez meses después huyó con dos perros y se encaminó hacia el sureste. Tras pasar muchas penalidades, Andrés Docampo llegó al río Pánuco, en la costa del golfo de México.

La aventura de Docampo duró nueve años. En ese tiempo recorrió 32.180 kilómetros. Para sobrevivir, el portugués siguió el mismo sistema que Cabeza de Vaca y sus compañeros:

*Santiguaba por el camino con una cruz, a quien le ofrecía mucho, y dondequiera que llegaba le daban limosna, albergue y de comer* (Francisco López de Gómara).

Docampo contó maravillas de las tierras que atravesó. Nadie le escuchó ni se molestó en comprobar sus cuentos. Y así, en los desiertos norteamericanos desapareció una de las leyendas más hermosas de la península Ibérica: la de las Siete Ciudades.

La fábula no contribuyó a engrandecer el imperio español. Tampoco proporcionó beneficios de ninguna clase. Sin embargo, fue el estímulo que impulsó la exploración del suroeste de los actuales Estados Unidos.

# V EL
## «ANCIANO PADRE DE LAS AGUAS»

La expedición a las Siete Ciudades de Cíbola coincidió con el tercer intento de conquistar la Florida. El jefe de la nueva entrada se llamaba Hernando de Soto y era, en opinión de un escritor de su época, *una de las cuatro mejores lanzas españolas que pasaron a las Indias.*

El caballero Hernando de Soto había conseguido a los treinta y siete años todas aquellas cosas que ambicionaban los conquistadores españoles. Noble de nacimiento, se destacó brillantemente en la conquista del Perú, en donde hizo una gran fortuna.

Pero De Soto no estaba contento. Él, como Hernán Cortés o Pedro de Alvarado, necesitaba nuevas aventuras y explorar territorios desconocidos. Por eso se apresuró a pedir el gobierno de la Florida tras el fracaso de Pánfilo de Narváez. Y el emperador, que sabía los méritos de Hernando, se lo concedió el 20 de abril de 1537. También le entregó el mando de Cuba, cuyo control era indispensable para el triunfo de la empresa.

## 1. Primeras aventuras

Un año después, el nuevo gobernador salía de España. La primera etapa del viaje finalizó en Cuba. De Soto permaneció allí once meses arreglando los asuntos de la isla. Luego partió hacia la tierra de la Fuente de la Eterna Juventud.

El desembarco no fue muy afortunado. Los indios atacaron al amanecer a los españoles, intentando arrojarlos al mar. La rápida intervención de las tropas que aún permanecían en los navíos impidió que se produjera un nuevo desastre.

Hernando de Soto siguió el mismo camino que su desdichado predecesor. Se dirigió primero al pueblo de Ucita, cuyo cacique, antiguo enemigo de Narváez, huyó al verlo llegar. Allí tuvo la suerte de encontrar a Juan Ortiz, un antiguo soldado de Pánfilo de Narváez, que fue prisionero de los indígenas durante once años. Ortiz sería

*Hernando de Soto.*

de gran utilidad para De Soto, pues hablaba varios idiomas indígenas.

La marcha hacia Apalache se convirtió en una verdadera pesadilla. Los ríos, los pantanos y la espesa vegetación consumían las fuerzas de los soldados, los cuales, además, debían combatir con los indios a cada paso.

Los indígenas conservaban un mal recuerdo de los españoles, gentes que tenían *por oficio andar vagabundos de tierra en tierra*, y obstaculizaban su avance cuanto podían. Abandonaban las aldeas y se ocultaban en el bosque para tender emboscadas continuas a la hueste, que las rechazaba con gran dificultad:

> *Es gente tan belicosa y tan desenvueltos* —escribe uno de los soldados— *que no dan nada por los hombres de a pie, porque, si van contra ellos, huyen y, dando sus enemigos la vuelta, van luego contra ellos. Nunca se están quietos, sino que siempre están corriendo y cruzando de una parte a otra para que las ballestas y arcabuces no hayan puntería en ellos. Y antes que un ballestero haga un tiro, lanza un indio tres o cuatro flechas, y muy pocas veces falla a donde tira* (Hidalgo de Elvas).

Hernando de Soto decidió tomar como rehenes a los jefes de las comarcas por donde pasaba para evitar los ataques por sorpresa. Al mismo tiempo, obtenía alimentos y auxiliares que transportasen el equipaje.

## 2. La traición de Vitachuco

El primer enfrentamiento serio tuvo lugar en el país del cacique Vitachuco. El jefe recibió pacíficamente a De Soto y organizó una fiesta en su honor. Pero la amistad del indio era fingida. Tan sólo pretendía ganar la confianza de los españoles para asesinarlos a traición.

El intérprete Juan Ortiz descubrió la conspiración por casualidad y el ataque falló. Se entabló una larga batalla, que tuvo un sorprendente final. Centenares de pieles rojas se tiraron a una laguna cercana y permanecieron en el agua más de veinticuatro horas, negándose a rendirse.

Los indómitos indios, agotados por el cansancio y el sueño, fueron entregándose a medida que pasaba el tiempo. Al final sólo quedaron siete en el agua, tan fieros y tercos que los españoles debieron sacarlos de la laguna a la fuerza.

Los rebeldes fueron condenados a la esclavitud y se los encadenó para impedir que huyeran, aunque *a las mujeres y mozos de poca edad, cuando estaban separados cien leguas de su tierra, los llevaban sueltos.* Sin embargo, las cadenas no impedían que los floridanos se escapasen. Algunos mataban a los españoles que los vigilaban y huían; otros se fugaban por la noche después de limar los candados con un pedazo de piedra.

El mismo Vitachuco no perdía la esperanza de recobrar la libertad y organizó una rebelión. Siete días después, el cacique, aprovechando que Hernando de Soto siempre se sentaba a comer con los rehenes, se lanzó contra el español y le dio un tremendo puñetazo que *lo dejó sin sentido alguno, como si fuera un niño.* Luego, se dejó caer sobre él, *dando un bramido tan fuerte que se pudiera oír en un cuarto de legua a la redonda.*

Los sorprendidos oficiales reaccionaron rápidamente, acuchillando al cacique. De Soto salió bastante mal parado del atentado, porque perdió dos dientes y quedó con el rostro tan magullado que *en más de veinte días no pudo comer cosa que se hubiera de mascar, sino viandas de cuchara* (Garcilaso de la Vega, *el Inca*).

Al escuchar el alarido de Vitachuco, los demás prisioneros se sublevaron en masa, atacando a los españoles con lo que tenían en la mano. Los soldados reprimieron la revuelta con gran dureza: todos los rebeldes fueron ejecutados, excepto los jóvenes.

A finales de octubre, la tropa llegó a Apalache, el país que Narváez había buscado con tanto afán. Habían pasado cerca de cinco meses desde que desembarcaran en la bahía de Tampa. De Soto decidió pasar el invierno en Apalache, pero antes organizó varias patrullas de reconocimiento. Una de ellas, mandada por Juan de Añasco, se acercó a la costa y allí descubrió los esqueletos de varios caballos. Aquel lugar era la famosa «bahía de los Caballos», el astillero donde los hombres de Narváez construyeron unas barcas para huir de la Florida.

Hernando de Soto, mucho más decidido que Pánfilo de Narváez, no se asustó ante el hallazgo. Por el contrario, envió un mensaje a la lejana base de Ucita, ordenando que los barcos y los cien soldados de reserva se reunieran con él en Apalache.

De Soto se quedó con los hombres y los navíos regresaron a Cuba. Su capitán tenía órdenes de volver el otoño siguiente a la Florida, con armas y provisiones. El lugar elegido para el encuentro era la actual bahía de Pensacola.

## 3. Las perlas de Cofitachequi

A principios de marzo, el gobernador partió hacia Cofitachequi, un territorio gobernado por una reina que exigía a sus súbditos un gran tributo de oro y plata. La noticia parecía verdadera, porque el indio que la dio conocía tan bien las técnicas para trabajar el oro, que *cuantos alguna cosa sabían del tema, decían que era imposible dar tan buena relación sin haberlo visto.*

Los indios de la región, la actual Georgia, no sabían nada sobre los hombres blancos y los recibieron amistosamente. Sin embargo, la hueste pasó bastantes penalidades por el camino. El guía indio se perdió en una zona despoblada y los españoles estuvieron a punto de morir de hambre. Afortunadamente, las trece cerdas que De Soto metió en la Florida se habían multiplicado con gran rapidez, y su carne sirvió para alimentar a los hambrientos españoles.

Por fin llegaron a Cofitachequi, cerca de la moderna ciudad de Augusta, en Carolina del Sur. Por esta vez, el cuento del rico país lejano era cierto. La cacica, joven y hermosa, acogió a Hernando de Soto con gran amabilidad, regalándole un collar de perlas, gruesas como avellanas, que le caía hasta los muslos tras dar tres vueltas en el cuello. El caballero gobernador respondió ofreciendo a la bella reina su propio anillo, una valiosísima joya de oro coronada con un hermoso rubí.

La «Señora», como la llamaban los españoles, se mostró muy generosa con los hombres de De Soto. Les proporcionó alimento, alojamiento e, incluso, los autorizó a coger cuantas perlas quisieran del edificio donde se guardaban los cadáveres de los caciques.

La enorme casa contenía una increíble cantidad de perlas, pero el capitán se negó a tomarlas, pues ya habían reunido más de cien kilos. Tampoco accedió a fundar una colonia en Cofitachequi, porque *su intento era buscar otro tesoro como el de Atahualpa, señor del Perú.*

Hernando de Soto, que, según uno de sus subordinados, *siempre hacía lo que a él le parecía,* impuso su voluntad. El 13 de agosto de 1540 dejó Cofitachequi. Allí quedaba una inmensa fortuna en perlas.

## 4.   La «batalla de Mobile»

Y continuó la larga y durísima exploración. El gobernador y su hueste cruzaron Carolina del Norte y Carolina del Sur, atravesaron Tennessee, hasta Chattanooga, y luego descendieron por Alabama.

Dos meses después entraron en el país de los alabamos, cuyo cacique, llamado Tascaluza, los invitó a visitarle.

Tascaluza, el indio *más alto de cuerpo y más lindo de talle* de cuantos vieran en la Florida, recibió a De Soto subido en lo alto de una loma. Lo rodearon cien jefes y junto a él estaba un abanderado que llevaba un gran estandarte de color amarillo cruzado por tres barras azules. La bandera sorprendió a los blancos por su gran parecido con la que usaba la caballería española en aquellos tiempos.

El jefe alabamo condujo a los audaces soldados al poblado de Mauila

60

(Mobile), situado en la confluencia de los ríos Alabama y Tombigbee. Hernando de Soto, desconfiado por naturaleza, temió una traición y envió a dos de sus mejores soldados a explorar el terreno. Las noticias que trajeron confirmaron los temores del capitán: en Mobile había más de diez mil guerreros escondidos.

De Soto no se asustó. Entró en el pueblo acompañado por una pequeña escolta y pidió a Tascaluza que acudiera a hablar con él. El jefe no asistió a la cita. En su lugar, centenares de guerreros indios salieron gritando de las casas, dispuestos a acabar con los españoles.

Comenzó una cruel lucha que se prolongó cerca de nueve horas. Tan

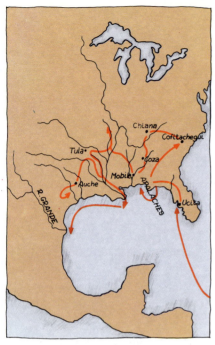

*Ruta de Hernando de Soto.*

El precio que pagaron los españoles por la victoria fue muy alto. Perdieron veinte hombres, dieciocho caballos y todas sus pertenencias se quemaron en el incendio que destruyó el poblado.

El médico de la expedición pasó una noche espantosa curando a los supervivientes, pues tuvo que atender más de mil setecientas setenta heridas graves. El cirujano no tenía vendas ni medicinas y debió recurrir a las ropas de los españoles muertos, así como al unto * de los indios muertos *para que sirviese de ungüento y aceites.*

## 5. La decisión de Hernando de Soto

Las consecuencias de la batalla de Mobile no se hicieron esperar. Los soldados, enfermos y desilusionados, exigieron al capitán volver a Cuba cuando llegasen los barcos. Incluso intentaron amotinarse.

Hernando de Soto ignoró la petición. Él estaba tan herido y cansado como los demás, pero no por eso iba a dejar la empresa. Así pues, al saber que los navíos habían anclado en la bahía de Pensacola, tomó dos decisiones: la primera fue ocultar la noticia

encarnizada y sanguinaria fue que las aguas de un lago cercano se tiñeron de rojo:

*Duró tanto la batalla que, cansados y con gran sed, muchos de los cristianos iban a beber a una laguna que estaba junto a la cerca y volvían a pelear, y estaba teñida de sangre de los muertos* (Hidalgo de Elvas).

62

a las tropas, y la segunda, no volver a *dar nuevas de sí mientras no hallase tierra rica.*

El 18 de noviembre de 1540, De Soto salió de Mobile y se dirigió a Chicoza para pasar el invierno. Los indios se mostraron muy hospitalarios, pero se disgustaron mucho cuando De Soto les pidió, al llegar la primavera, doscientos porteadores.

Una noche asaltaron las chozas donde vivían los blancos, lanzando decenas de flechas incendiarias. Los españoles, medio dormidos y desconcertados, lograron rechazar el asalto tras combatir hasta el amanecer.

La batalla se saldó con once muertos, incluida la única mujer española de la expedición, que pereció quemada mientras intentaba salvar las perlas que obtuvo en Cofitachequi. Las llamas calcinaron cincuenta caballos y cuatrocientos cerdos y convirtieron en cenizas los pocos objetos que las tropas salvaron del incendio de Mobile:

*Si por ventura alguno de la quema de Mavilla se había quedado con algún vestido, allí se le quemó. Y muchos quedaron en cueros, que no tuvieron tiempo de tomar las pellizas. Allí se pasó mucho frío. Lo único que valía* *eran los grandes fuegos. Toda la noche se pasaba en dar vueltas sin dormir, porque si se calentaban de un lado se helaban de otro. Algunos inventaron unas esteras de hiedra seca tejida, y echaban una estera debajo y otra encima. Muchos se reían de esta invención y después la necesidad los forzaba a hacer lo mismo* (Hidalgo de Elvas).

El desastre no cambió la decisión que Hernando de Soto tomara en el lejano país de Tascaluza. Los semidesnudos soldados dedicaron cincuenta y dos días a reponer las gastadas fuerzas y reemprendieron la interminable caminata.

El 8 de mayo de 1541, la cansada hueste descubrió un río tan inmenso que algunos veteranos de las guerras europeas juraron por su honor que era más grande que el famoso Danubio. Hernando de Soto, dando pruebas de tener poca imaginación, lo bautizó con el nombre de «Río Grande». Los indígenas lo llamaban *Meschabecé* o *Meatt-Massipí* (Mississippi), que quiere decir «el Anciano Padre de las Aguas».

Obstaculizados por los habitantes de la orilla derecha del Mississippi, que cruzaban diariamente la corriente para tirarles cuantas flechas podían, la tropa construyó cuatro grandes canoas y atravesó la poderosa corriente.

El nuevo objetivo de la hueste era Chisca, una ciudad de casas y calles de oro. El 29 de junio, Hernando de Soto entró en el cacicato de Pacaha. Los pacahanos eran pobres, pero poseían enormes cantidades de pieles y telas de algodón, que permitieron a los expedicionarios renovar su vestuario.

Las patrullas enviadas en busca de la fabulosa Chisca volvieron sin encontrar ningún rastro de ella. A la vista del informe, De Soto decidió proseguir la marcha en dirección suroeste. Ignoraba que no muy lejos, a unos setecientos kilómetros de distancia, Francisco Vázquez de Coronado exploraba las llanuras de Oklahoma.

Esta etapa del viaje finalizó en Coligoa. Allí tampoco había metales preciosos y los soldados se encaminaron hacia el sur. Doce días después se toparon con una laguna de agua salobre, hecho que los llenó de alegría, pues hacía meses que no probaban la sal. Sintieron tanto entusiasmo que:

*Algunos hubo que, con el ansia que tenían de sal, y viéndose ahora con abundancia de ella, la comían a bocados, como si fuera azúcar, y decían a los que se lo reprehendían: «Dejadnos hartarnos de sal, que gran hambre hemos traído de ella». Y de tal manera se hartaron nueve o diez de ellos, que en pocos días murieron de hidropesía, porque a unos mata la hambre, y a otros el hastío (Garcilaso de la Vega, el Inca).*

Hernando de Soto hizo un alto en una aldea llamada Tula para reflexionar. Las riquísimas regiones descritas por Cabeza de Vaca estaban en algún lugar desconocido del oeste. Desgraciadamente, no podía emprender la aventura, porque había muchos soldados heridos y no tenía armas, ni alimentos, ni pólvora. El sentido común se impuso y el incansable Hernando de Soto optó por buscar un lugar agradable para pasar el invierno. Luego, cuando volviera el verano, construiría dos barcos y los enviaría a Cuba para obtener refuerzos y provisiones.

## 6. Los dos entierros

La hueste montó el campamento en el poblado de Utianque y se dispuso a

pasar el invierno, que transcurrió sin incidentes dignos de mencionar. Sólo hubo que lamentar la muerte del intérprete Juan Ortiz. El indígena que lo sustituyó hablaba muy mal el español y su ignorancia causó graves problemas, porque:

*Para saber de los indios lo que él [Ortiz] decía en cuatro palabras, con el mozo era necesario todo el día, y las más de las veces entendía lo que se le preguntaba al revés* (Hidalgo de Elvas).

Siguiendo los cursos de los ríos Ouchita y Negro, los españoles alcanzaron el 17 de abril de 1542 el pueblo de Guachoya, situado junto a la orilla del Mississippi.

Hernando de Soto todavía confiaba en convertir sus sueños en realidad, pues le quedaban unos trescientos hombres y cuarenta caballos. Sin embargo, el capitán no escaparía al trágico destino que la suerte deparaba a los gobernadores de la Tierra de la Eterna Juventud.

El conquistador sintió primero *una calenturilla, que se mostró lenta.* Después, la enfermedad se agravó. Cuando el capitán comprendió *que su mal era de muerte,* se confesó, hizo testamento y nombró gobernador interino

de la Florida a su lugarteniente, Luis de Moscoso y Alvarado.

Tras arreglar sus asuntos, De Soto hizo venir a los soldados para despedirse de ellos y rogarles que se mantuvieran unidos. El 21 de mayo de 1542 falleció. Tenía cuarenta y dos años de edad.

Moscoso ocultó la muerte del capitán a los indios y lo enterró en secreto borrando las huellas de la tumba. Trataba de impedir que los pieles rojas desenterrasen el cadáver, lo descuartizaran y colgaran los restos de los árboles, como solían hacer con sus enemigos.

Las precauciones de los españoles no lograron engañar a los indígenas, que merodeaban continuamente junto a la sepultura. Así pues, Moscoso resolvió sepultar de nuevo a Hernando de Soto en la mitad del profundo y ancho «Anciano Padre de las Aguas»:

*Y porque en toda aquella comarca no había piedra que echar con el cuerpo para que lo llevase al fondo, cortaron una muy gruesa encina, y la socavaron por un lado a la medida del alto de un hombre para poder meter el cuerpo. La noche siguiente lo desenterraron con todo el silencio posible y lo pusieron en*

*el trozo de la encina con tablas clava-*
*das, que abrazaron el cuerpo por el otro*
*lado, y quedó como en un arca. Y con*
*muchas lágrimas y dolor de los sacer-*
*dotes y caballeros que se hallaron en*
*este segundo entierro, lo pusieron en*
*medio de la corriente del río, encomen-*
*dando su ánima a Dios, y le vieron irse*
*luego al fondo* (Garcilaso de la Vega,
el Inca).

## 7.  El fin de una leyenda

Un consejo de guerra presidido por
Luis de Moscoso acordó abandonar la
empresa. Los capitanes decidieron que
la hueste iría a México por tierra, pues
era muy peligroso efectuar el trayecto
por mar, al carecer de pilotos, brújulas
y cartas marinas.

El viaje estuvo lleno de penalidades.
Moscoso y sus hombres cruzaron el estado de Louisiana, recorrieron el suroeste de Arkansas y descendieron por
Texas hasta alcanzar el poblado de
Auche, situado en las cercanías de la
actual ciudad de San Agustín. Allí
cambiaron de ruta, dirigiéndose hacia
el occidente.

Los estímulos que movían a la ago-

tada hueste no eran los conocidos cuentos sobre fuentes mágicas o ciudades doradas. Ahora sólo pretendían saber si los rumores sobre los poderosos hombres blancos tenían algún fundamento. Durante días y días, los españoles vagaron por las inmensas llanuras norteamericanas sin encontrar lo que buscaban. Sólo hallaron pequeños grupos de indios comanches e incontables manadas de búfalos.

Luis de Moscoso, preocupado por la inminente llegada del invierno, decidió abandonar la marcha, volver sobre sus pasos y retomar el plan desechado por la junta de oficiales. La orden fue mal acogida por un gran número de soldados, que preferían morir antes que volver con las manos vacías. Sin embargo, Moscoso impuso su idea y el ejército regresó al Mississippi.

Después de superar mil dificultades, los extenuados hombres ocuparon el poblado de Aminoya e iniciaron la construcción de los barcos. Dirigidos por un genovés, el único que sabía algo de navegación, fabricaron siete bergantines y algunas canoas.

El 2 de julio de 1543 los trescientos veintidós supervivientes emprendieron el viaje final. El descenso del Mississippi fue un auténtico martirio, pues

las piraguas indígenas hostigaban continuamente a la flotilla, hiriendo a decenas de hombres y caballos.

Dos meses después, la flotilla ancló en la desembocadura del río Pánuco. Habían transcurrido cuatro años desde que Hernando de Soto emprendiera la conquista de las tierras donde se hallaba la Fuente de la Eterna Juventud.

Los trágicos relatos de los hombres de De Soto echaron por tierra las hermosas leyendas sobre las milagrosas aguas de la Florida. El relato de Hernando Escalante Fontaneda, dado a conocer treinta y un años después, confirmaría la suposición. Escalante, un náufrago que permaneció en la Florida desde los trece a los treinta años, se bañó en cuantos ríos, lagos y arroyos encontró... Pero, por supuesto, no recuperó la juventud.

No obstante, la tenacidad del español se impuso al fin, y las legendarias tierras del norte acabarían siendo conquistadas.

# ÍNDICE CRONOLÓGICO

**1513.** 27 de marzo: Juan Ponce de León descubre la península de la Florida.

**1519.** Francisco Álvarez de Pineda explora por orden de Francisco de Garay la costa del golfo de México, desde Florida hasta Pánuco (México).

**1521.** Ponce de León fracasa en su intento de conquistar la Florida.

**1523.** Francisco de Garay llega a Pánuco. Los indios lo derrotan.

**1526.** Expedición de Lucas Vázquez de Ayllón a Chicora (Carolina del Norte).
Pánfilo de Narváez es nombrado gobernador de la Florida.

**1527.** 17 de junio: Narváez sale de España al frente de seiscientos hombres.

**1528.** 12 de abril: Narváez desembarca en la Florida y marcha hacia Apalache.

**1532.** Álvar Núñez Cabeza de Vaca, Andrés Dorantes, Alonso del Castillo Maldonado y Estebanico *el negro*, los cuatro supervivientes de la expedición a la Florida, inician su larga caminata.

**1535.** Álvar Núñez y sus tres compañeros llegan a Nueva España (México).

**1537.** Álvar Núñez regresa a España. Comienza a escribir los *Naufragios*.
Fray Marcos de Niza llega a la Nueva España.
20 de abril: Hernando de Soto obtiene la gobernación de la Florida.

**1538.** Antonio de Mendoza autoriza a fray Marcos de Niza a explorar el suroeste de los Estados Unidos.
6 de abril: Hernando de Soto sale de Sanlúcar de Barrameda.

**1539.** 9 de marzo: fray Marcos de Niza, Estebanico y el hermano Honorato salen de San Miguel Culiacán.
Abril: Estebanico y fray Marcos se separan.
Mayo: muere Estebanico; fray Marcos descubre las «Siete Ciudades de Cíbola».
30 de mayo: Hernando de Soto desembarca en la bahía de Tampa (Florida).
2 de septiembre: fray Marcos de Niza hace público su informe.

**1540.** 13 de marzo: Hernando de Soto parte hacia Cofitachequi (Carolina del Sur).
Abril: Francisco Vázquez de Coronado emprende la jornada de Cíbola.

70

Agosto-septiembre: García López de Cárdenas descubre el Gran Cañón del Colorado.

Octubre: batalla de Mobile entre Hernando de Soto y el cacique Tascaluza.

Noviembre: Vázquez de Coronado llega al valle del Río Grande.

**1541.** 15 de junio: Hernando de Soto cruza el río Mississippi.

Agosto: Vázquez de Coronado explora el centro de Kansas y Hernando de Soto recorre el noroeste de Arkansas.

**1542.** Vázquez de Coronado regresa a México.

21 de mayo: muere Hernando de Soto.

**1543.** 10 de septiembre: los supervivientes de la expedición de Hernando de Soto desembarcan en Pánuco.

**1551.** Andrés Docampo logra volver a Nueva España, tras vivir nueve años entre los indios de Norteamérica, y Hernando de Escalante Fontaneda naufraga frente a las costas de la Florida.

**1574.** Hernando de Escalante escribe su *Relación* sobre la Florida.

# GLOSARIO

**Adobe:** Ladrillo de barro sin cocer moldeado a mano y secado al sol.

**Alquimista:** Persona que se dedica a la química empírica.

**Amichel:** Nombre que los españoles daban a la parte de la costa del golfo de México comprendida entre la Florida y el río Pánuco.

**Antropófago:** Comedor de carne humana.

**Bajío:** Banco de arena.

**Bimini:** Isla donde se pensaba encontrar la Fuente de la Eterna Juventud.

**Bojear:** Navegar a lo largo de una costa.

**Cacique:** Jefe superior de un pueblo indio. Palabra taína de las Antillas.

**Calzas:** Prenda de vestir que cubría la mayor parte del muslo.

**Cauterio:** Remedio para cicatrizar una herida, por medio de metal al rojo.

**Cíbola:** Transcripción fonética de shiwina, nombre de una tribu zuñi.

**Cicuyes:** Habitantes de Cicuye, territorio de Nuevo México situado junto a la ciudad de Pecos.

**Corsario:** Marino que tiene autorización de su gobierno para capturar naves enemigas.

**Cosmógrafo:** Persona que posee conocimientos astronómicos sobre el mundo. Geógrafo.

**Chicomoztoc:** Lugar legendario de donde procedían los aztecas. Palabra de la lengua mexicana. Significa «las Siete Cavernas».

**Chicora:** País indio situado en Carolina del Norte.

**Deán:** Cabeza o superior del cabildo, que sigue en categoría al obispo. Decano.

**Engolado:** Persona que habla con voz grave y enfática. Altanero.

**Entrada:** Campaña militar que se hace en un país enemigo.

**Escribano público:** Notario.

**Físico:** Médico.

**Gabarra:** Embarcación de tamaño algo mayor al de una barca. Tiene mástiles y velas.

**Gamuza:** Piel muy flexible de color amarillo claro.

**Gavilla:** Haz o conjunto de cañas, o ramas, de tamaño medio.

**Huaxtecas:** Indios de lengua maya que vivían en las orillas del río Pánuco.

**Hueste:** Organización cívico-militar en campaña.

**Ínsula:** Isla.

**Jornada:** Expedición militar.

**Keres:** Indios hopis que vivían en el pueblo de Acoma (Nuevo México).

**Legua:** Antigua medida de longitud. La legua española equivale a 5.572 metros.

**Lengua:** Intérprete, traductor.

**Lucayo:** Indio de las islas Bahamas.

**Mal Hado:** Mala suerte.

**Nueva Galicia:** Región de la Nueva España (México) que comprendía los actuales estados mexicanos de Colima, Jalisco y Zacatecas.

**Oidor:** Juez que escuchaba y sentenciaba los pleitos. Miembro de la Audiencia, magistrado.

**Pánuco:** Río de México que desemboca en el golfo de México, cerca de la ciudad de Tampico.

**Peñol:** Peñón, monte rocoso.

**Peso:** Antigua moneda que valía unas cinco pesetas.

**Piloto mayor:** Marino que dirige una flota.

**Pueblos:** Indios de cultura agrícola que habitaban en Nuevo México.

**Quilla:** Pieza de madera de un barco sobre la cual se asienta la armazón.

**Saja:** Corte.

**Sobrado:** Piso, suelo.

**Talabarte:** Nombre que se da al cinturón de una espada.

**Tuna:** Higuera silvestre con muchas espinas.

**Unto:** Grasa animal.

**Zuñis:** Pueblo indio de Nuevo México.

---

## Nota del autor

La mayor parte de los textos utilizados en este libro se han sacado de los informes que escribieron los protagonistas de las expediciones españolas al sur de los Estados Unidos. Otros han sido tomados de historiadores de la época. Tal es el caso de los párrafos firmados por *el Inca* Garcilaso de la Vega, Gonzalo Fernández de Oviedo y Francisco López de Gómara.

Los textos han sido modificados para hacerlos más comprensibles.

# El Gran Encuentro